松居一代の超《スーパー》お料理術

Art of cooking

松居一代

出発

幸せなことに私は母がせっせと料理を作る後ろ姿を見て育つことができました。競艇選手として常に過激な減量と闘っている父のためにカロリーオフを考えたヘルシー料理を、子供には病気にならない免疫を高める料理を作ってくれました。人の作った野菜は信用できないと言いながら畑も耕す徹底ぶりでした。そのお陰で私は子供のころから、三度の食事が人間の命だと思うようになったのです。すばらしい才能をもっていても、命がないとそれは発揮できません。健康じゃないとパワーも沸いてきません。夢を現実にするには、まず健康な体づくりをすることが大切じゃないですか。

幸か不幸か今の世の中、食べ物で溢れかえっています。そのなかでどれをどれだけチョイスするか、それはあなた自身の問題であって台所を任されている主婦の問題でもあります。一年間で私たちは千回以上の食事をとるわけです。体ほど正直なものはありません。毎日の食べ物によって体も精神もどんどん変化していくわけですから。

四十過ぎたらガクッとくるわよ。五十手前の更年期に入ると体調が崩れると先輩達から聞いていましたが、四十九歳の今ありがたいことに、私はこれまでの人生の中で一番パワフル。これは安全で安心な食生活の賜物でしょう。家族が食卓を囲むことは体だけではありません、心の栄養になることも忘れてはいけません。健全な精神は健全な食卓に宿ります。

さあ、たった一回の人生です。たったひとつの体です。あなたは何を飲んで、何を食べますか。家族に何を食べさせますか。
人生に偶然はありません。私が自分の身を削るように書き上げたこの本をあなたは手に取ってくださった。だからあなたにも体からパワーをバンバン炸裂させて、幸せになってもらいたい！

「幸せごはんで運気をゲット」

さあ　あなたの健康づくりはじめましょう　出発です！

食べ物・飲み物で人生こんなに変わります

体は決して嘘をつきません

食・生活習慣に気をつける

★大切な体のために食べ物を選んで食べます

←

1日3度の食事が命よ
栄養バランスを考えてよく噛んで
規則正しい生活
腹八分目
和食中心

体にやさしい食べ物とは……

和食中心　鮮度のよいもの
油分、塩分控えめ
免疫力を高める食材

食・生活習慣に無関心

★大切な体なのに何でもかんでも選ぶことなく口に入れます

←

食事はジャンクフード・欧米食
不規則な生活
お腹がいっぱいになればいいや
添加物、糖分、塩分もいっぱい

さぁ 人生わかれ道 今からでも遅くありません!!

★パワー炸裂！抵抗力がついて病気をはねのけます

←

★生涯自分の体を自分で支えられます

食歴の違いです！

★栄養のバランスが崩れて体調も体型も心も病みます

←

★気力も失せ病気にもかかり人生暗い道

一日三度の食事が私のパワーの源！

四十九歳の私　自分でも**実に元気**だと思います
まわりからもどうしてそんなに元気なの……と聞かれます
それは**口に入れるすべてのもの**に対して
こだわりをもっているからでしょう
一回一回の食事が私たちの**体と心**を作ります

お肉は控えめ
塩分も控えめ
調味料も控えめ

お出かけは
手作り弁当持参！

お茶もジュースも
手作りを持ち歩き

腹が空いても
納得できない
食べ物は食べない

ごはんは
よく噛んで
食べる

日本人は和食が
いちばん！

規則正しい生活

不眠とは無縁
すばらしい寝つきは
私の特技

超快便

ファーストフードは
口にしない

添加物には
細心の注意

腹八分目が
モットー

結婚はまさに夫への"食育"の始まり

夫　船越英一郎と私が出会ったのはいまから十二年前
そのころの船越の食生活は悲惨なものでした
すべてが外食　お酒は毎日浴びるように飲んでいました
そんな食生活に体が悲鳴をあげていたのでしょう
冬になると誰よりも早く風邪をひき
頭が痛い……足が痛い……
いつもどこかが病んでいたのです
そんな彼を横目に
食生活を変えて彼を元気にする
自信が私にはありました
交際して六年　ついに結婚　夫四十一歳　私四十四歳

念願だった夫への食育が始まったのです
「一日でも長く一緒にいたいからお酒を控えて」と切願
食事は和食中心
太りやすい体質なのでカロリーオフも取り入れ
毎日の撮影は愛妻朝食弁当持参
地道な努力が実り　実施して三年　夫の口から爆弾宣言が
「僕の体から毒が抜けたような気がする」
風邪もひかなくなり　肌もツヤツヤ　快眠もゲット
病気を撥ねかえす免疫力の高い体に変身したのです
目の前でみるみる変わっていく夫の体を前に
改めて三度の食事の大切さを夫婦で学びました

Part1

Kazuyoの愛情お弁当ダイアリー

【Kazuyo's box lunch diary】

Part2

Kazuyoの目からウロコ！ 超カンタン レシピ集

【Kazuyo's easy recipes】

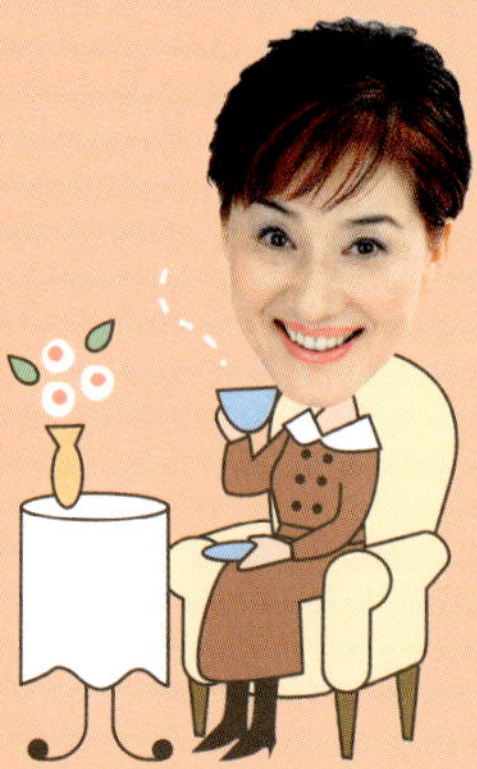

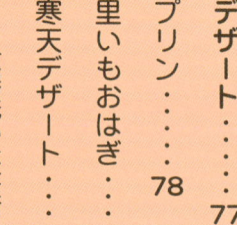

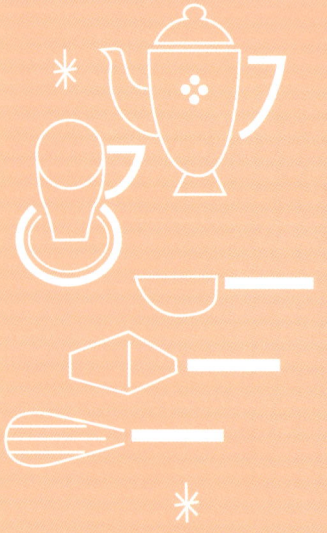

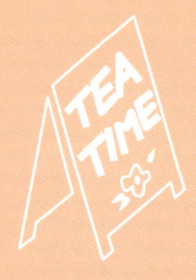

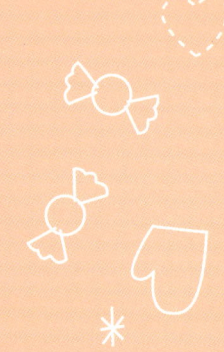

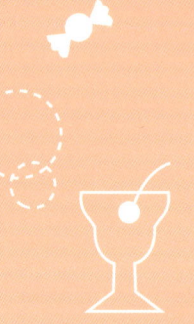

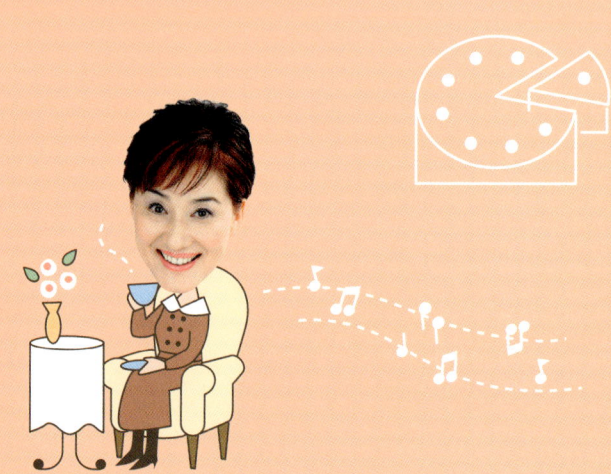

Part3

Kazuyoの超・お気に入りお取り寄せ

【Kazuyo's favorites】

妻の見送りに勝るものなし！

あなたはどんなふうにご主人を見送っていますか？
まさか見送りなしで眠っていないでしょうね
家の長・夫が出かけるときは
妻のオーラで夫を守り抜きましょう
守るためには妻に健康パワーがないとダメなんですよ

「行ってらっしゃい」の言葉に気合いを入れて
主人が見えなくなるまで
大きく手を振って見送っています

Part 1

Kazuyoの愛情お弁当ダイアリー

お弁当は安心・安全・愛情がいっぱい！

主人から戻ってくるお弁当箱はいつもピカピカ。「作ってくれた妻のことを考えると汚いままでは返せない」と口ケ先で洗うことはできませんが、ティッシュできれいに拭いてくれているのです。「今日もおいしかったよ」と手渡されたら、褒められるのが大好きな私は毎晩お風呂でお弁当のシミュレーション。「明日もがんばるぞ！」と、主人の優しい思いやりのお陰で私は結婚して六年、お弁当が作れるのです。

その点息子はお弁当箱を出すのを忘れるのは頻繁。学校に忘れてくるときもあるくらいです。「○○会社の冷凍食品がおいしいらしいよ」と私に使えとばかりに話しますが、頑として私は一切市販の冷凍商品は使いません。高校二年生の食べ盛り、お弁当一個だけではまったく足りませんが、せめて一食だけでも安全なものを食べさせたいので「いらない……」と言われながらも高校卒業まで母は作ります。

そして私も外出にはお弁当持参。お茶もジュースもおやつも、すべてバッグに入れて出かけます。

そんなわが家のお弁当を今回初めて公開することにしました。お弁当の本を出版するのならプロのカメラマンによって豪華なお弁当が撮影されるのでしょうが、今回はお弁当を作った私みずからがパチリと写真を撮りました。

これが実際の船越家のお弁当です。家族の秘話も織り込みましたので、どうぞご覧くださいね。

6月5日（月）

メニュー

- おにぎり
- トマト
- サイコロステーキ
- そら豆
- マカロニサラダ
- 大根の煮物

この日の夫の出発は午前四時。サスペンスの撮影はとにかく朝が早い。
しかし妻たるもの「寝てはおられぬ！」。だってこの日はアクションシーンが満載。無事を祈って弁当作り。

6月8日（木）

メニュー

- ゆかりごはん
- トマト
- 高野豆腐の煮物
- 牛肉甘辛煮
- かぼちゃの煮物
- 鶏の唐揚げ
- いんげんのごま和え

息子は高校二年生。バスケットボール部所属。まさに食べ盛り。食べても食べてもお腹が空く年頃。
朝練があるときのお弁当は二個。こちらは朝食弁当。

6月14日（水）

超幸せ！
だって今日の夫の出発は珍しく遅い！ 遅いといっても午前九時。久しぶりに夫婦水いらずで朝食です。

メニュー

卵焼き
グリーンアスパラの炒め物
あゆの佃煮
漬物
大根とイカの煮物
白和え
（ごはん）

私たち夫婦の楽しみのひとつは都内ホテルの朝食の食べ歩き。
バイキング楽しいですよね。
でも二カ月に一度くらいしか行かれないけれど……。
ハッピーなひととき♥

6月16日（金）

メニュー

ひと口カツ
なすの漬け物
ほうれん草のごま和え
卵焼き
ペッパーサラミ
ミニトマト
焼き肉のレタス包み
ゆでいんげん
ウインナー
（おにぎり）

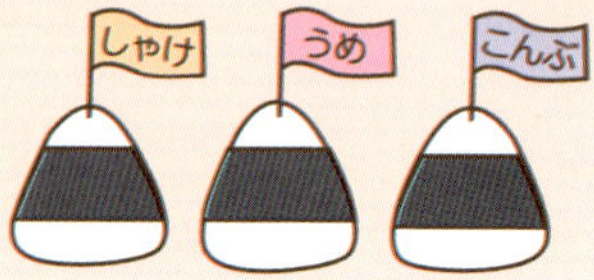

今日は豪華弁当！だって主人が事務所のスタッフの皆さんと食べるので……。主食はおにぎり。お弁当箱はお寿司屋さんの容器を再利用。

6月21日（水）

メニュー

おかかごはん＋ゆかり
肉じゃが
鮭
鶏の肉団子
ミニトマト
ほんれん草のごま和え

主人お気に入りのおかか弁当。ただかつお節をかけただけではないんですよ。フライパンにしょうゆ、みりん、酒を入れてかつお節を炒っているんです。

6月25日（日）

今日は私の四十九歳の誕生日。家族が祝ってくれました。主人が自分でイラストまで描いて注文してくれたケーキそしてキュートなお花のプレゼント。

6月26日（月）

唐揚げは前日の夜から一代特製のタレに漬け込み。片栗粉と小麦粉を混ぜた衣で揚げると冷めても柔らかくっておいしいですよ。

メニュー

ふりかけごはん
鶏の唐揚げ
かぼちゃの煮物
ミニトマト
いもの天ぷら
きんぴらごぼう

メニュー

のりごはん
枝豆
高野豆腐
いんげんのごま和え
ステーキ
サラミ
イカの照り焼き
ミニトマト

6月28日（水）

息子はのり弁が大好き。のりをはさみで小さく切って、しょうゆをつけて一枚ずつごはんにペッタンコ。しかも二段重ね。

メニュー

ゆかりごはん
あさりの甘辛煮
トマト
いんげんのゴマ和え
かぼちゃの煮物
高野豆腐
魚の西京漬け

6月30日（金）

昨夜は主人がステーキを食べたらしいので、今日のお弁当は和食弁当。あさりはむき身を買って来て甘辛煮。

メニュー

そぼろごはん（三段重ね）
ミニトマト
鶏の唐揚げ
ホタテの漬け焼き
牛ステーキ
サラダ菜

日頃泊まりのお仕事はお断りしている私にドイツ行きの仕事が舞い込んできました。

ドイツといえばお掃除大国。いつか行ってみたいと夢見ていた私です。でもお弁当が……。

そんな時、主人の力強いひと言が。「僕が隆一のお弁当を作るから行っておいでよ」。深夜二時に帰宅した主人は休む間もなく真夜中の買い物、下ごしらえ。メニューは息子の好物づくし。なんとそぼろは三段重ね。ホタテは特製ダレに漬けてからバター焼き、超高級肉はにんにく、しょうが、酒に漬け込んでからステーキに。唐揚げはにんにくを利かせた特製ダレ。野菜も忘れません。トマトにサラダ菜。お弁当名は、主人いわく「そぼろのミルフィーユ弁当」。

一睡もせずに作った主人に感謝感激。

息子の感想は「お母さんの弁当よりうまかったよ。ちょっと味が濃かったけど……」。

主人に金メダルをあげたくなるような素敵なお弁当でした。

メニュー
そぼろごはん
ひと口カツ
ひじき煮
水菜のごま和え
ミニトマト

7月5日(水)

こちらは私のそぼろごはん。主人のように三段重ねとはいかず二段重ね。
ひじき煮は圧力鍋であっという間にできあがり。

メニュー
オムライス
グリーンサラダ
ポテトサラダ

7月7日(金)

主人の大好物のオムライス弁当。デミグラスソースの好きな主人ですが……。この日は♥のケチャップソースに大喜び。

7月12日（水）

メニュー

おにぎり
ミニトマト
いんげんのごま和え
肉じゃが
きゅうり
ひじき煮
大根とイカの煮物

今日は主人が海外ロケから帰ってきます。ところが悲しいことに私はお仕事。主人に申し訳ない気持ちを超和食ごはんに託し、メッセージカード♥を添えて、私は泣く泣く仕事場へ。

家族の絆づくりには
メッセージカードが最高！
1行でも♥が伝わります。

7月15日（土）

メニュー

フレンチトースト
レタス炒め
ミニトマト
きゅうり
ほどいも

雨のため、出発が遅くなった主人と久しぶりの朝食。主人の大好物のフレンチトーストは二人で選んだペア皿に盛りつけました。

7月18日（火）

メニュー

おかかごはん
野菜の天ぷら
水菜のごま和え
うなぎの蒲焼き
チーズのハム巻き

息子の好物は若者らしくチーズ。ピザを食べながら野球中継を観るのが至福の時らしい。お弁当にもチーズを入れました。

7月21日（金）

今日は主人の四十六歳の誕生日。思い出深い日になりました。高二の息子が照れくさそうにバラの花五本をプレゼントしたからです。どうもお小遣いが足りなかったらしく、つぼみのバラは買えず、特価の開いたバラ。

しかしそれは主人の宝物となったのです。枕元に置いて目に涙を浮かべながら眺めていました。

私からは特製バースデープリンをプレゼント。またまた主人は大感激で目がウルウル。

私のお出かけの友

出かけるときには弁当もお茶もおやつも全部持参
お茶は水筒５つを出かける時間の長さによって使い分け
自分が納得した安全で安心なものを口にしたいから
なぜならば私が元気じゃないと
家に活気がなくなるでしょょ

愛用の5つの水筒（200mℓ～1ℓ）

TPOで使い分け 私の愛用品

お出かけのときは
いつもバッグの中に入っている水筒
朝起きたら私が最初にやることは
家族が飲む1日分のお茶を煮出すこと
防腐剤のことを考えると怖くって
市販のものは飲めません
自分の目で確認した
無農薬のお茶っ葉と水が一番安心
だって私の笑顔は家の太陽ですから

Part 2

Kazuyoの目からウロコ！超カンタンレシピ集

主婦の仕事はエンドレス

食べたと思っても時間がきたら必ずお腹は減ります。

掃除をしてキレイになってもまた汚れます。

私もまったくみなさんと同様、家事はエンドレス。

でも、性格なんでしょうね。掃除も料理もそして仕事も「まぁ……いいか」と手が抜けないのです。

特に料理は「主人と息子の健康は私が守っている」と確信しているので、いい加減なものは絶対食べさせられません。

しかし時間には限りがあります。そこでいかに工夫をして簡単にごはんを作るか。免疫力を高めて病気を寄せ付けないごはん作りをするか。ただし太っては困ります。洗いものだってひとつでも少なくしたい。そんなことを考えながら私も毎日の献立を常に考えています。

主婦の大変さがわかるだけに皆さんに少しでも楽をしていただきたい。そんな気持ちから今回は気取った料理じゃなく、わが家で毎日食べている家庭料理を初公開いたします。

ちょっと作り方が違うんじゃないの……そんな点があるかもわかりませんが、そこは一代流ですのでご理解くださいね。皆さんにもぜひ試していただきたいので、あれこれ工夫をしながら本作りをしました。

すごく簡単です。味も保証します。

カロリーオフも任せて！

では、責任をもってご紹介します。

船越家の定番料理、はじまり、はじまり。

かんたん和食

和食はだしが《命》

だしさえあれば《誰》でも

おいしい《和食》が作れます

《しょうゆ》や《砂糖》も控えめで

《カラダ》にやさしい《おふくろ》の味

一代流だしの取り方

"だし"さえしっかりしていれば和食は簡単！

❶ 昆布はぬれぶきんで拭き、汚れを落とします。鍋に水と昆布を入れて30分ほど置いておきます

❷ ❶の鍋にかつお節を入れて火にかけます。沸騰してきたら昆布を取り出しひと煮立ちしたら火を止めます

❸ かつお節が沈んだらざるでだしをこします

❹ ざるに残ったかつお節は軽く絞ります

分量の目安

水 5カップ・昆布 5×6cmを2枚・
かつお節 2カップ（20g）

たくさん作って冷凍しておくと便利です！

2〜3日分は冷蔵庫で保存しますが、残りの分は製氷皿を使って冷凍しておくと便利ですよ
必要な分だけ取り出せますから

忙しいときにオススメ！市販の本格派だし

だしを取るのが面倒という方のために市販のオススメだしをご紹介します。化学調味料などを一切使わない、おいしいだしです。

1袋（10包入り） 588円（消費税込・送料別）

千代の一番 ☎03-3628-2868

和風だし
タイプ

無塩・無添加
タイプ

白和え

一代流白和えは絹ごし！

白和えを作る場合、ほとんどの料理本は木綿豆腐を使っていますが
わが家では絹ごし。超短時間で手間いらず。ふきんを洗う必要もありません

作り方

1. こんにゃく、にんじんを短めの棒状に切る
2. 鍋にだし汁とⒶを煮立て、こんにゃく、にんじんをさっと煮て、ざるにあげ汁気を切りあら熱をとる
3. 豆腐をキッチンペーパーで包み軽く押して水気をとる

4. すり鉢に❸を入れてすり、なめらかになったら砂糖を加えてさらに混ぜ、その中に❷を加えて混ぜ合わせる

5. 三つ葉はさっとゆがいて短めに切り❹に混ぜ合わせる

材料

絹ごし豆腐		1丁
砂糖		大さじ 1
にんじん		1/4本
こんにゃく		1/3枚
だし汁		2/3カップ
Ⓐ	しょうゆ	小さじ 2
	酒	小さじ 1
	みりん	小さじ 1/2
三つ葉		1束

（4人分）

私のおばあちゃんは白和え作りの名人でした。その味が忘れられない、でも豆腐をするのは大変。そこで思いついたのが絹ごし豆腐。短時間であっという間になめらか白和えの出来上がり！

健康Memo

豆腐は良質のたんぱく質、脂質のほか、ビタミンやミネラルも豊富。生活習慣病や脳の老化防止など、さまざまな効果あり！

ほうれん草と卵

忙しい朝に最高よ

慌ただしい朝食には簡単で栄養バランスもグッドなこの1品をお試し！
卵がやわらかいので盛りつけはフライ返しを使ってね

作り方

1. ほうれん草はざく切りにする

2. 鍋にだし汁とⒶを煮立て、❶を加えてひと煮する

3. ❷に卵を割り入れ、すぐにふたをして2〜3分煮る。火を止めて３分ほど蒸らす

4. 器に移すときは、卵が崩れないようにフライ返しを使うのがポイント

材料

ほうれん草		1/2束
卵		２ 個
だし汁		１ カップ
Ⓐ	砂糖	小さじ １
	酒	大さじ １
	しょうゆ	小さじ 1/2

（2人分）

幼いころから食べている懐かしい母の味。この大好きな味を主人にも食べさせたくて、記念すべき結婚初日はこれを作りました。

今では船越家の定番メニュー。

健康Memo

カロテンを豊富に含むほうれん草。老化防止やガン予防に最適。鉄分が多いので妊娠中の人にもGOOD。

鮭じゃが

常備食でりっぱなおかず

冷蔵庫がカラッポでも缶詰1缶
あればりっぱな1品できあがり
鮭缶は骨も汁もしっかり全部
使いましょう

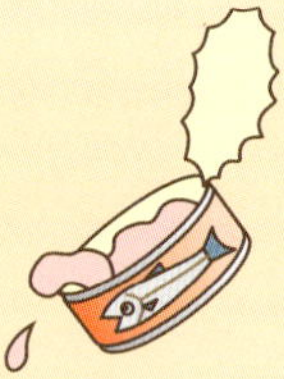

作り方

1. たまねぎは1cm幅のくし形、じゃがいもは皮をむいて4等分、しらたきは食べやすい長さに切る

2. 鍋に油を熱して、たまねぎを炒め、透き通ってきたらじゃがいも、しらたきを加えて炒める

3. ②にだし汁とⒶを加え、沸騰したら鮭缶を汁ごと加える。アクを取り、ふたをして中火でじゃがいもが柔らかくなるまで約15分煮る

4. ③を器に盛り、ゆでて刻んだ絹さやを飾る

材料

じゃがいも(大)		3 個
たまねぎ		1 個
しらたき		½袋
鮭缶		1 缶
サラダ油	大さじ	1
だし汁		2½カップ
Ⓐ 砂糖	大さじ	1
Ⓐ 酒	大さじ	1
Ⓐ みりん	大さじ	½
Ⓐ しょうゆ	大さじ	1½
絹さや		2 枚

（4人分）

ポピュラーなのは「肉じゃが」ですが、「鮭じゃが」もなかなかオススメです。缶詰を常備しておくと便利ですね。突然のお客様にも大好評まちがいなし！

健康Memo

鮭はビタミンB群が豊富なので新陳代謝を高めます。たまねぎに含まれるアリシンはビタミンB1の働きを助けます。

なすのみそ炒め

船越イチオシの1品

なすは油と相性がよい食材で、炒めると色も鮮やか
仕上げに片栗粉を直接振りかければ洗い物が少なくてすみます

作り方

1 なすは食べやすい大きさに切り、10分ほど水につけてアク抜きし、ざるにあげ水気を切る

2 Ⓐを混ぜ合わせておく

3 フライパンに油を熱して❶を炒め、しんなりしたら❷を加えて1〜2分炒める

4 ❸に片栗粉を直接振りかけて、混ぜ合わせてとろみをつける

材料

なす		2本
Ⓐ	だし汁	1/3 カップ
	みそ	大さじ2弱
	砂糖	大さじ 2/3
サラダ油		大さじ 1
片栗粉		小さじ 1

（2〜3人分）

食卓にこのメニューが並ぶと「ヤッター!」と大喜びする主人。口の中でとろけるなすの味がたまらないらしい。冷めてもおいしいので、お弁当のおかずにもピッタリですよ。

健康Memo

東洋の考え方でいえば、なすは体を冷やす食材。みそは反対に体を温める食材。両方を一緒に食べたらベストですね。

きんぴらごぼう

きんぴらで体の大掃除

ごぼうを酢水にさらすと白くてきれいな仕上がりに
ただし、さらす時間は5分が目安。さらしすぎるとごぼうのうまみが逃げちゃいますよ

作り方

1. ごぼうとにんじんを細切りにし、酢水にさらしてアク抜きをし、ざるにあげて水気を切る
2. Ⓐを混ぜ合わせておく
3. フライパンにごま油を熱し、❶を炒める。全体に油が回ったら、❷を加える

4. ❸の汁気がなくなるまで炒め、最後にごまを振り混ぜる

材料

	ごぼう	1/2本
	にんじん	1/2本
	酢（アク抜き用）	少々
Ⓐ	だし汁	1/2 カップ
Ⓐ	酒	小さじ 1
Ⓐ	みりん	小さじ 1
Ⓐ	砂糖	少々
Ⓐ	しょうゆ	小さじ1 1/2
	ごま油	大さじ 1
	白ごま	適量

（2～3人分）

お掃除マニアの私としては、体のお掃除も大切。だから食物繊維たっぷりのきんぴらごぼうは必須メニュー。歯ごたえを残しながらも味をしみ込ませたいので切り方は一代流。

健康Memo

ごぼうに含まれるリグニンやイヌリンは腸のぜんどう運動を活発にします。便秘がちの方にこのメニューはオススメ！

ごはん

日本人はやっぱりごはんですね

ほっかほか炊きたてのごはんは

私の大好物

朝から主人も息子も和食党

エネルギーの源ですよ

茶碗1杯のごはんのすばらしさ

ごはんというと、炭水化物
元気に活動するためのエネルギー源というイメージが先行しがち
でも、それだけではないんですよ
こんなに素晴らしい栄養を含んでいるんです

やっぱりごはんって、サイコー!!

一代流おいしいごはんの炊き方

ちょっとでもおいしいごはんが食べたくて
試行錯誤の末、お気に入りを見つけました
氷も入れた冷たい水に20～30分お米をつけておきます。その後お米をとぎ、炊く方法です
一度お試しください。おいしいですよ

かやくごはん
わが家の定番ごはん

一代流かやくごはんの割合

米	だし汁	しょうゆ	酒
2合	内釜の2.5合の目盛り	大さじ1	大さじ1/2
3合	内釜の3.5合の目盛り	大さじ1 1/2	大さじ3/4
4合	内釜の4.5合の目盛り	大さじ2	大さじ1

（このほか、塩を少々）
だし汁で炊くので、しょうゆは少なくてもOK
本来米が2合ならば水は2合の目盛りですが
かやくの具が入るので0.5合増し

材料

米	2合
にんじん	1/3本
こんにゃく	1/5枚
油あげ	2/3枚
Ⓐ 酒	大さじ1/2
Ⓐ しょうゆ	大さじ1
Ⓐ 塩	少々
だし汁	2.5合の目盛りまで

（2合の場合）

作り方

1. 米はといで、ざるにあげておく

2. にんじん、こんにゃく、油あげは短めの棒状に切る

3. 炊飯器の内釜に❶と❷とⒶを入れ、最後に内釜の2.5合の目盛りまでだし汁を加えて混ぜ合わせ、15分ほどおいてから、炊飯器のスイッチを入れる

4. 炊きあがったら5～6分蒸らし、具とごはんを混ぜる

わが家はかやくごはん好き。一週間に一回は味つけごはんが食卓に登場。残ったごはんをラップに包めば息子のおやつがわり。ごはん離れは味つけごはんで解決ですよ。

健康Memo

にんじんはガン予防効果の高いベータカロテンが豊富。こんにゃくには食物繊維とカルシウムがいっぱいです。

バラずし

私の母の味です

飯台がなくても少し大きめのお皿があれば
おすしはちゃんとできますよ
酢飯はごはんを切るように混ぜること
うちわであおぐと米が光りますよ

作り方

1. 米をとぎ、表面をさっと拭いた昆布を入れてかために炊く
2. かまぼこ、水で戻した高野豆腐、にんじんは短めの棒状に切り、Ⓐで煮る。れんこんは短めの棒状に切り、酢水でアク抜きをしてⒷで煮る
3. 干し椎茸はぬるま湯で戻し、軸を落としてⒸで汁気がなくなるまで煮て薄切りにする。卵は薄く焼いて細切りにする（錦糸卵）

4. Ⓓを混ぜ合わせ、その中にじゃこを浸けておく
5. ごはんが炊けたら、すぐさま昆布を取り出し、ごはんを皿に移す
6. ❺に❹をかけ、うちわであおぎながら切るように混ぜ合わせる

7. ❻に❷を混ぜて器に盛り、❸を飾り、刻んだ紅しょうが、木の芽を添える

材料

	米	2合
	昆布	適量
	かまぼこ	20g
	高野豆腐	¾枚
	にんじん	¼本
	れんこん	70g
	酢（アク抜き用）	少々
	干し椎茸	6枚
	卵（錦糸卵）	2個
Ⓐ	だし汁	1　カップ
	砂糖	大さじ1弱
	酒	大さじ　1
	みりん	大さじ　½
	しょうゆ	大さじ　1
Ⓑ	だし汁	½カップ弱
	塩	少々
Ⓒ	干し椎茸のもどし汁	1½カップ
	砂糖	大さじ　2
	酒	大さじ　1
	みりん	大さじ　1
	しょうゆ	大さじ　2
	じゃこ	20g
Ⓓ	酢	大さじ2½
	砂糖	小さじ　2
	塩	少々
	紅しょうが	
	木の芽	

（4人分）

松居家ではひな祭りに始まり、家族の誕生日、おめでたいときにはいつも食卓にバラずしが登場していました。残ったおすしは翌日蒸しずしにしても最高よ！

健康Memo

お酢に含まれる酢酸やクエン酸には疲労回復の効果があります。食欲のないときのお酢料理もオススメ。

納豆チャーハン

ネバネバで血液サラサラ

納豆のタレやからし、好みでしょうゆも入れてよく混ぜてください
ナットウキナーゼは熱に弱いので、火を消してからフライパンに入れること

作り方

1. たまねぎ、にんじんはみじん切り、いんげんは小口に切る。レタスはざく切りに
2. 納豆に添付のたれ、からしを混ぜる。お好みでしょうゆを加えてもOK

3. フライパンに油を熱して❶を炒め、火が通ったらごはんを加え、さらに炒める
4. 全体になじんだら火を止め❷とレタスを加えて混ぜる

材料

納豆（しょうゆ）	1パック
たまねぎ	1/4個
にんじん	1/5本
いんげん	4本
サラダ油	適量
レタス	1枚
ごはん	茶碗2杯分

（2人分）

健康Memo

納豆に含まれるナットウキナーゼは血管に発生する血栓を溶かしてくれます。生活習慣病予防も期待できそう。

十九歳で上京するまで納豆を知らなかった私。出身は滋賀県。昔はスーパーにも売ってなかったんですよ。ところが主人も息子も大の納豆好き。今ではわが家の必需品です。

パエリア

ホットプレートでスペイン料理

パエリア㊙材料、サフランがなくったって平気。オレンジジュースがあればOKよ！ ホットプレートがない人はフライパンでもできますよ

材料

米	2合
エビ	5尾
イカ	1杯
あさり	10個
たまねぎ	¼個
にんにく	½個
パプリカ(黄・赤)	各¼個
ピーマン	1個
アスパラガス	3本
ホールトマトの缶詰	1缶
Ⓐ 赤ワイン	大さじ1⅓
Ⓐ ブイヨン	1個
Ⓐ オレンジジュース	大さじ5強
オリーブオイル	適量
レモン	

（3〜4人分）

作り方

1. 米をといで、ざるにあげておく
2. エビは殻をむいて背ワタをとる。イカはわたをとって輪切りにする。たまねぎとにんにくはみじん切り、パプリカ、ピーマン、アスパラガスは好みの大きさに切る
3. ホールトマトをミキサーでつぶし、Ⓐを加えておく
4. ホットプレートにオリーブオイルを熱してにんにくを炒め、香りがたったらたまねぎ、❶の順に入れてさらに炒める
5. 米が透き通ってきたら❸を加えて混ぜ、エビ、イカ、あさり、パプリカ、ピーマン、アスパラガスを上に並べ、ふたをして13分ほど煮る。火を止めて7〜8分蒸らす。お好みでレモンを添える

テレビでスペインの漁師さんがトタン板でパエリアを作っているのを見て、「そうだ。わが家はホットプレートだ」と思ったのがパエリア作りの始まり。

健康Memo

ミネラル、ビタミンの豊富な魚介と野菜を組み合わせたパエリアは、とてもバランスのよいメニューです。

家中に7個あるお気に入りの時計

すべての家事は段取りが大切
この訓練が人生設計、マネープランにも役立ちます
合理主義者の私は時間の無駄づかいが大嫌い！
だって1日は24時間しかないんですよ
上手に使わないと損するでしょ

SEIKO

家中に同じタイプの時計が7個あります
どうして同じタイプの時計なのか……
それは、時間を見るときに目が時計に慣れて
タイムロスが出ないからです
そんな私ですが、バカンスのときは時計を持ちません
頭を空っぽにしてリラックス　腹時計があるからへっちゃらよ

この部屋は
○○分で
掃除しよう
10:15

今日は
腹時計が
あるから…

スープ

火も鍋も使わず

電子レンジとミキサーさえあれば

プロの味

時間も短縮

洗いものもラクラク

忙しい主婦の強い味方

ヴィシソワーズ

四季を問わず楽しめる

ここポイント

冷蔵庫に入れて冷やしておくと
少し濃度が出て固くなるので
再度濃さを調整しましょう

MILK

作り方

1. じゃがいもは皮をむいて薄切りにし、ラップに並べて包み電子レンジで柔らかくなるまで様子をみながら加熱する

2. 耐熱容器にⒶを入れてブイヨンが溶けるまで電子レンジで加熱する（右イラスト参照）

お水とブイヨンを
入れて
電子レンジでチン！

3. ミキサーに❶、❷、牛乳、生クリームを入れてかくはんする。牛乳とブイヨンは味をみながら数回に分けて加え、かくはんするのがコツ

4. ❸を冷蔵庫に入れて冷やす。器に注いで小口切りにした万能ねぎを散らす

材料

じゃがいも	1個
牛乳	1¾カップ
生クリーム	大さじ 1
Ⓐ 固形ブイヨン	1個
Ⓐ 水	¼カップ
万能ねぎ	

（3～4人分）

私のレパートリーの中で息子のいちばんお気に入りの一品です。どこのご家庭でもよく使うじゃがいもがレストランの味に大変身！

健康Memo

熱に弱いビタミンCですが、じゃがいもの場合、でんぷん質が保護してくれるので壊れにくいんですよ。

ガスパチョ

実は簡単!? プロの味

ガスパチョは冷蔵庫で一昼夜冷やすと味がなじみます
にんにくは生のまま使うので、入れすぎないように注意してくださいね

作り方

1. トマトは湯むきする。セロリ、たまねぎ、きゅうり、にんにくは粗みじんにする。きゅうりは飾り用に少しとっておく

2. ❶をミキサーに入れ、スイッチを入れる

3. ❷にⒶを入れて、さらにミキサーで混ぜ合わせ、なめらかにする

4. ❸を冷蔵庫で６時間以上冷やす。器に注いで刻んだきゅうりを散らす

トマトの湯むきは…
トマトに切り込みを入れて
さっと熱湯を
くぐらせたあと
水にとると簡単に
むけます

材料

	トマト	３ 個
	セロリ	⅓本
	たまねぎ	⅙個
	きゅうり	¼本
	にんにく	⅓片
Ⓐ	マヨネーズ	大さじ１
Ⓐ	赤ワイン	小さじ１
Ⓐ	オリーブオイル	小さじ１
Ⓐ	塩	少々
Ⓐ	こしょう	少々

（４人分）

五年前、主人と出かけた伊豆のレストランで食べたガスパチョの味に感激！　シェフにこっそり頼み込んで教えてもらったレシピを今回特別大公開！　簡単だからトライしてね。

健康Memo

トマトのリコピンには、ガンや動脈硬化の原因となる活性酸素を除去する働きがあります。

枝豆スープ

暑さを吹き飛ばす涼やかスープ

手間のかかる裏ごしは大変。道具を洗うのもめんどう
枝豆を少し柔らかくゆでればミキサーの威力で手間いらず

作り方

1. 枝豆は柔らかくなるまでゆで（指でつぶせるくらいまで）、さやから取り出し、薄皮をとり除く。飾り用に少しとっておく

2. 耐熱容器にⒶを入れてブイヨンが溶けるまで電子レンジで加熱する（P58参照）

3. ミキサーに❶、❷、牛乳、生クリームを入れてかくはんする。牛乳とブイヨンは味をみながら数回に分けて加え、かくはんするのがコツ

4. 器に注いで枝豆を飾る

材料

枝豆		むいた状態で1カップ
牛乳		1カップ
生クリーム		大さじ1⅓
Ⓐ	固形ブイヨン	½個
Ⓐ	水	¼カップ

（2〜3人分）

二十年前に出演した料理番組で、色のきれいな料理を作りたいと思ってヒラめいたのが枝豆スープ。番組でも大好評だったので、私の得意レシピのひとつにエントリー。

健康Memo

豆と野菜の栄養を併せ持つ枝豆はたんぱく質はもちろん、ビタミンやカルシウム、食物繊維も豊富。

パンプキンスープ

5分でできる栄養満点スープ

かぼちゃの皮は厚くむかないとスープが苦くなります。でもご安心を、ちゃんと皮も使いますから、ここは思い切って厚く落としましょう

作り方

1. かぼちゃは皮を厚めに削ぎ落とし、うすくスライスしてラップに並べて包み、電子レンジで様子をみながら柔らかくなるまで加熱する

2. 耐熱容器にⒶを入れてブイヨンが溶けるまで電子レンジで加熱する（P58参照）

3. ミキサーに❶、❷、牛乳、生クリームを入れてなめらかになるまでかくはんする。牛乳とブイヨンは味をみながら数回に分けて加え、かくはんするのがコツ

4. 器に注ぎ、好みで生クリームをかける

かぼちゃの皮は…
油で揚げて
お好みで塩をふる

かぼちゃの種は…
天日で干してから
フライパンで炒める
皮をむいて中身を食べる

材料

かぼちゃ	¼個
牛乳	230cc
生クリーム	大さじ½
Ⓐ 固形ブイヨン	1個
Ⓐ 水	¼カップ

（3～4人分）

男の人にはかぼちゃの苦手な人が多いようですが、スープにしちゃえば主人も息子もOK！　皮も種もちょっと工夫すればお酒のつまみに最適よ！

皮も実も種も
かぼちゃまるごと
捨てるところゼロ！

健康Memo

カロテンとビタミンEの豊富なかぼちゃ。免疫力アップのほか、アンチエイジング食材としても注目ですよ。

材料を最後まで有効活用！

できるだけ素材を丸ごと使いたい私ですが
それでもどうしても生ゴミが出ます
でもそのままゴミで終わらせるのはもったいない
お掃除に有効利用しましょうよ

卵の殻

グラスに酢水とつぶした卵の殻を入れてシェイクすると、びっくりするほどピカピカに

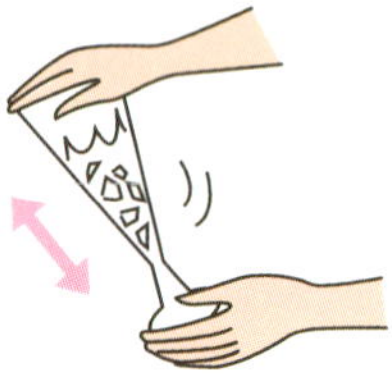

じゃがいもの皮

じゃがいもの皮で蛇口やシンクを磨くとでんぷんの作用でくもりがとれてピカピカになります

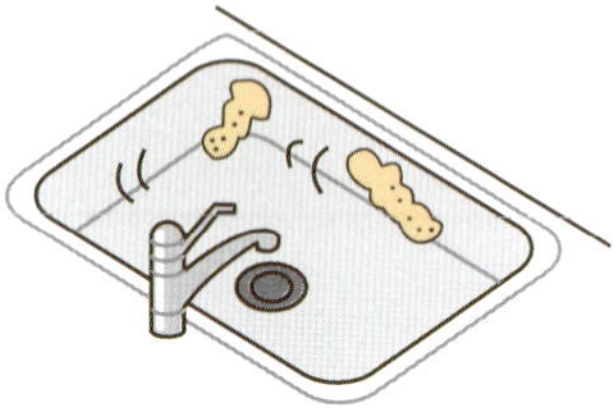

コーヒーのかす

乾燥させて冷蔵庫や下駄箱に。脱臭剤と同じように嫌な臭いを吸収してくれます

古い牛乳

古くなった牛乳でフローリングの床を拭くとくすみがとれて、ワックスがわりにもなります

お酢

わが家では、お酢はお料理だけでなくお掃除でも必需品です

- 窓の汚れは10倍くらいに薄めた酢水で拭き、そのあと水で磨きます
- まな板にお酢とお塩をかけ、上からガーゼをかぶせて消毒
- 冷蔵庫の中もお酢で拭けば、消毒、防腐、防カビの効果が
- 歯ブラシにお酢をつけて浴室のタイル目地を磨くと防カビ対策にもなります
- 浴槽のカビにはコットンにお酢を湿らせたコットンパックが最高です

ヘルシーメニュー

46才

49才

気をゆるめると

年頃

そこでオリジナルのヘルシーメニュー

や

は控えてカロリーオフ

や

を

使って大満足

豆腐ハンバーグ

家庭料理の定番をヘルシーに

お肉も半分、つなぎの食パン・卵も使わないのでカロリーは通常の半分。ハンバーグだねはキャッチボールの要領で中の空気を抜くこと。フライパンで焼いたあと、レンジを使うのは、中まで早く火を通し、余分な油を使わないため

作り方

1. たまねぎはみじん切り、豆腐はキッチンペーパーで包んで軽く押して水気をきる

2. フライパンにバターを熱し、❶のたまねぎを透き通るまで炒め、あら熱をとる
3. ボウルに❶の豆腐と❷、ひき肉を入れてよく混ぜ、食べやすい大きさに丸め、冷蔵庫で30分ほどねかせる

4. フライパンに油を強火で熱し、❸を両面色よく焼く
5. ❹を耐熱皿に移して電子レンジで約２～３分（500Wの場合）、中に火が通るまで加熱し、器に盛る
6. ❺にサラダ菜、プチトマトを添えて、大根おろし、ポン酢をかけ、小口切りの万能ねぎを散らす

材料

牛ひき肉	220ｇ
たまねぎ	½個
木綿豆腐	½丁
大根おろし	¼本分
万能ねぎ	３～４本
ポン酢しょうゆ	適量
バター	小さじ１
サラダ油	適量
サラダ菜	
プチトマト	

（3～4人分）

ハンバーグといえば洋食の定番。ところが和食好きの私としては何でも和風にアレンジしてみたくなる。豆腐ハンバーグも一代流アレンジの自信作です。撮影の時もスタッフに大ウケの一品でした。

健康Memo

たんぱく質は私たちの皮膚や内臓、筋肉、血液を作るとても大事な栄養素。消化吸収のよい豆腐で積極的な摂取を！

ヘルシードレッシング

だし汁ドレッシングでカロリーオフ

材料

（4人分）

トマト	小3個
サラダ菜	1株
きゅうり	½本
いんげん	8本
貝割れ	¼パック
Ⓐ だし汁	大さじ5強
Ⓐ しょうゆ	小さじ ½
Ⓐ 塩	少々
Ⓐ こしょう	少々
Ⓐ ごま油	小さじ 1
Ⓐ 白すりごま	適量

盛る器でドレッシングを作り、野菜を混ぜればボウルを洗う手間もなくラクラク
野菜の水切りをしっかりしておかないとせっかくのドレッシングの味が薄くなります

作り方

1. サラダを盛る器にⒶを全てまぜ、味を調えておく

2. トマトをくし形に切り、❶にしばらく浸けておく

3. きゅうりは細切り、サラダ菜は手でちぎり、いんげんはゆでて斜め切りにする。貝割れは根を取り、半分の長さに切る。水気をしっかりとる

4. ❷に❸を入れて混ぜ合わせる

市販のドレッシングは買ったことのない私。すべてオリジナル。その中でもこのドレッシングは、家族や友達からもよくリクエストのかかる味。

健康Memo

ごまに含まれるゴマリグナンは体の酸化を防いでくれる成分。肝臓の働きも高めてくれます。

ヘルシートンカツ

揚げるだけがトンカツじゃない！

カロリーを気にしている人にとって揚げ物は大敵。でも調理法を工夫したらカロリーは半分以下。これなら安心して食べられます

作り方

1. ヒレ肉は薄めにスライスし、軽く叩いておく。キャベツはせん切りに、パセリはみじん切りにする

2. パン粉に油を加え混ぜる

3. ヒレ肉に小麦粉、卵白、2を順につける

4. 魚焼きグリルに3を並べて中火で両面焼く。こげそうなときはアルミホイルをかぶせる

5. キャベツとパセリを混ぜて器に盛り、4をのせる。ラディッシュとくし形に切ったレモンを添える

材料

豚ヒレ肉	200g
パン粉	1カップ
サラダ油	大さじ2
小麦粉	大さじ1
卵（卵白のみ）	1個
キャベツ	
パセリ	
ラディッシュ	
レモン	

（2～3人分）

「最終警告！　たけしの本当は怖い家庭の医学」（テレビ朝日系）でカロリーオフ料理対決の依頼を受け、披露した一品。番組でも大好評でした。主婦にとっては揚げ物のあと油の始末がいらないのでその点もうれしい限り。

健康Memo

豚肉には疲労回復に効果のあるビタミンB1がたっぷり。エネルギー切れだと思うときにオススメ。

みぞれ鍋

大根おろし&豚肉の絶妙鍋

大量の大根をおろすのは大変だけどおいしいお鍋を食べるためにがんばって。大根おろしは汁も捨てずにお鍋に入れてね

材料

（3〜4人分）

大根	1/4本
白菜	1/6株
長ねぎ	1 本
豚ロースうす切り	200 g
だし汁	3カップ
万能ねぎ	
ポン酢	

作り方

1. 大根はおろす。白菜はざく切りに、長ねぎは斜め切りにする

2. 土鍋に白菜、長ねぎ、豚肉を順に入れる

3. ②にだし汁を注いで火にかける

4. ひと煮立ちしたらアクをとり除き、大根おろしを入れ、ふたをして3〜4分ほど煮る

5. 出来上がったら小口に切った万能ねぎを散らし、お好みでポン酢をつけていただく

寒い冬の夜。お腹をすかした主人と私が通りすがりに入ったお店で出会ったお鍋。すごくヘルシーで体が温まったので即刻わが家のメニューに取り入れました。食欲のないときにもオススメです。

健康Memo

大根おろしに含まれるジアスターゼは消化酵素。熱に弱いので、お鍋のときは最後に入れてね。

一代のお気に入りグッズ…人生の友

不要品を捨てることが
幸せを呼び込む術だと思っています
しかし、何でもかんでも捨てませんよ
年季が入ったものでも愛情さえかければ
エネルギーを発します
「もったいない精神」も大切にしましょう

30年愛用の鍋

芸能界を目指して19歳で上京した
ときはじめて買った所帯道具
私の人生のすべてを知っている鍋

25年愛用の洗いカゴ

何度も買い換えようかと思いまし
たが、やっぱりこれが使いやすくって
向かうところ敵なし！

25年愛用の洗い桶

台所にあるだけでホッとする桶
大事にしているから
25年経ってもピカピカよ

**もう絶対、別れられない
死ぬまで使いますよ！**

デザート

デザートはほっと

だんらんの

とき

しかし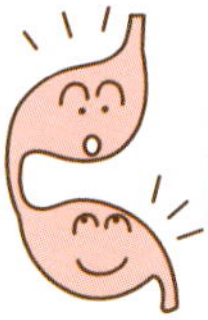

でも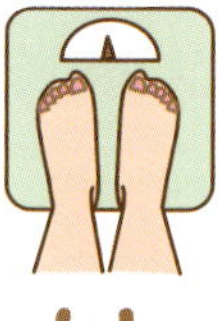

は気になります

カロリー控えめ

デザートは

安心で

よ

プリン

わが家のジャンボプリン

カラメル作りは忍耐。上手に作るコツは混ぜたい気持ちをグッと抑えてガマンの子
オーブンで焼くときはぬれタオルが必需品
これさえあれば美しいプリンの出来上がり

材料

牛乳	2カップ
卵	4個
砂糖	大さじ3
バニラエッセンス	少々
Ⓐ 砂糖(カラメル用)	大さじ3
Ⓐ 水	大さじ5
湯	大さじ3

(直径約14cmの型の場合)

作り方

1. ボウルに卵を割りほぐし、砂糖を加えさらに60℃に温めた牛乳を加え、バニラエッセンスを加えて混ぜる

2. フライパンにⒶを入れて強火にかけ、焦げてきたらさらに熱めのお湯を少々加える
★Ⓐの水はフライパンの底が隠れるくらいの量を目安に

3. 耐熱容器に❷を流し入れ、❶をざるでこしながら静かに注ぎ入れる

4. オーブン皿にぬれタオルを敷いて、❸を置く。170℃に温めたオーブンに入れて30分ほど焼き、オーブンの中でそのままさます

5. ❹がさめたら冷蔵庫で冷やす

子供のころからみんながビックリするくらい大きなプリンを作ってみたいと思っていました。おかげさまで今では夢が叶って私の十八番。誕生日にはバースデープリンに早変わり！

健康Memo

牛乳はカルシウムやたんぱく質、ミネラル、ビタミンなどを含んでいます。成長期には欠かせないですね。

里いもおはぎ

おはぎなのにもち米はゼロ

おはぎ作りは手間いり。ところが里いもと米で作れば超簡単
お米の分量が多いと柔らかすぎるので注意してね

作り方

1. 米はとぎ、里いもは皮をむいて小さく切る

2. 鍋に1を入れてたっぷりの水を加え、里いもが柔らかくなるまで煮る
★水が足りなければ注ぎ足して

3. 2をざるにあげて水気を切り、すり鉢ですり混ぜる

4. 3を適当な大きさに丸め、きなこと砂糖を混ぜたものをまぶす

材料

里いも	5個
米	½カップ
砂糖	½カップ
きなこ	½カップ

（4cm大12個分）

以前出演したテレビ番組で試食した里いもおはぎに大感動。すぐさま自宅でも作ったところ、家族にも大好評。

健康Memo

里いもに含まれるムチンは弱った胃腸を修復してくれます。食物繊維が豊富なのもうれしいですね。

寒天デザート
ダイエット中でもOK！

棒寒天は細かくちぎったほうが鍋で溶けやすくなります
こしながら器に流し入れると仕上がりがなめらかになりますよ

作り方

1. 寒天を細かくちぎって水に戻し、水気を絞る

2. 鍋にⒶを入れ、❶の半量を加えて煮溶かす

3. ❶の残りも同様に、Ⓑで煮溶かす

4. ❷と❸をそれぞれざるでこしながらバットに流し入れ、冷蔵庫で冷やし固める。固まったら好みの大きさにカットして器に盛り、ミントを添える

材料

	寒天（棒寒天）	1本
Ⓐ	牛乳	1½カップ
	砂糖	大さじ 2/3
Ⓑ	オレンジジュース	1½カップ
	砂糖	大さじ 1/3
	ミント	

（4人分）

息子はアトピー性皮膚炎で病んでいたので、おやつはすべて手作りでした。なかでもよく使ったのが寒天。日本には昔から伝わるいい天然食材がいっぱい!

健康Memo

天然の食物繊維とミネラルがバランスよく含まれている寒天。何といってもローカロリーが魅力。

食器洗いは芸術よ！

洗いカゴの食器の並べ方を見れば性格がわかりますね
「食器洗い占い」なんてあったらおもしろいのに
私は毎回、洗った食器を
いかにきれいに、段取りよく洗い物をするか
ゲームのように楽しんでいます

ぐじゃぐじゃタイプ

人生の計画のなさが現れていそうですね。まるで財布に穴が開いていそうで心配。プランニングをしっかりね

てきぱきタイプ

あなたはきっと気配り名人。段取りもうまい！この調子でがんばって。ご主人も必ず出世させられるわよ

ちゃっちゃかタイプ

一見手際がよさそうに見えるけど最後の詰めが甘そうね。慎重に行動してください。誰も責任とってくれませんよ

食器の並べ方であなたの性格がわかる！

Part 3

Kazuyoの
超・お気に入りお取り寄せ

自分の目で見ないと納得できない私

お取り寄せのページを作るか、それともずっと内緒にしておくべきかすごく悩みました。だって……正直に言っちゃいますと、注文が殺到してわが家の分が無くなったら困るでしょう?(ごめんなさい)

しかし、そんな意地悪はいけない! おいしいものはみんなで分かち合うべきだ! と心の整理がついたので私の本を手に取ってくださったあなたには、こっそり教えちゃいます。

世の中にはあるんですよ。すごいものが……。お取り寄せブームですから皆さんもいろいろ情報はお持ちだと思いますが、私の取り寄せの基本はまず「安全」であること。自分や家族の口に入れるわけですから生産者との信頼関係がないと、ただおいしいだけでは注文なんて嫌。野菜だったら、どんな土で育ったのだろうか。牛や鶏であればどんな餌を食べているのだろうか。でもそれを知っているだけではだめなんです。自分の目で見て確かめないと、私の場合は口には入れられない厄介な性格なんです。

これまでの私の経験から言えることは、安全な物を生産している人は、性格も実にいいですね。今回私が紹介する生産者の皆さんもとてもいい人達ばかりです。ところが欠点は商売人じゃないことです。慣れていらっしゃらないことから、スムーズに注文ができないことがあるかもわかりませんが、そこは皆さんご理解をよろしくお願いいたしますね。では安全ですご～くおいしいものをちょこっとご紹介いたします。

お茶

石原さんと巡り合ったのは五年前になります。

ちょうどその頃、長年の夢だったカテキンをベースにした入浴剤を作るために原材料となる無農薬茶を探していたときに出会ったのが石原園でした。

お茶を無農薬で栽培することはとてもむずかしいことです。虫がとてもつきやすいうえに病気にもなりやすいので、野菜よりもたくさんの農薬が使われているのが実態です。

肥料よりも農薬代のほうが高いという農家もあって、一年でなんと二十回くらい散布するところもあるそうです。

お茶は私たちが毎日飲むものなので、こんな話を聞くとぞっとしますよね。だから私は目を皿のようにして草の根を分けるように無農薬茶畑を探したのです。

石原さんの畑にはてんとう虫もいればカマキリ、クモだってミツバチだっているんですよ。農薬が無いので生きていけるのです。そしてこれらがお茶の天敵であるアブラムシやダニ、しゃくとり虫などを食べてくれるから元気なお茶が栽培できるわけです。

お問い合わせ

石原園のお茶・紅茶
ほうじ茶 100g　472円～（消費税込・送料別）ほか
石原園茶舗
静岡県御前崎市塩原新田1-2
0120-596-089　Fax. 0537-85-3302

有機にこだわって栽培を続ける
努力の人、石原さんと再会

隣の畑の農薬からお茶を守るため
雑木林を壁代わりに活用

石原さんの茶畑には
ハチの巣だってあるんですよ

肌にやさしい入浴剤「ラクシャ」
（サンナホル ☎03-3498-0161）

明治時代から使われている手もみ台
新茶の品質も必ずここで確認

卵

山田さんを紹介してくれたのは山田さんの弟の大年《おおとし》さんでした。大年さんはわが家のイチオシ取り寄せお菓子、バウムクーヘンをかたくなに手作りで焼いている職人さんです。二年ぐらい前になると思いますが、「兄貴の烏骨鶏《うこっけい》卵食べてみてください」と頂戴したことから山田さんとのご縁が始まりました。

「烏骨鶏」の存在は知ってはいましたが高価だと聞いていたので買うまでには及ばなかった私でしたが、そのあまりのすごさに主人共々ビックリしてしまいました。まず違いは割るときから始まります。硬いのです。落としても割れないくらいですよ。かき混ぜても、白味と卵黄がすぐには混ざらないくらいです。

山田さんは養鶏をはじめて十八年。趣味で始めたことが今では百五十羽にも増えたそうです。餌は玄米をベースにぬか、明日《あした》葉《ば》、ケール、海草の一種であるカジメ。聞いただけでもよさそうなものばかりです。

「自分の口に入るから、中途半端な餌はやれない!」と熱く語る山田さんの言葉がなにより力強く感じられます。

お問い合わせ

山田さんの烏骨鶏卵
1パック（6個入）　2100円（送料別）
山田久一
静岡県下田市2-5-14
Faxのみ受付:0558-22-0829

毎日烏骨鶏を食べて
80歳とは思えないパワフルな山田さん

日中は敷地の中で放し飼い
ストレスもなくて元気いっぱいです

1カ月に1羽が6個ぐらいしか
産めない貴重な卵

大年さんの手作りバウムクーヘン
（ヴィヨン ☎03-3427-2555）

餌の明日葉は天然物を使います

ほどいも・にんにく

五年ほど前、私の親友が「すごいいもがあるわよ」と小さないもを三つ持ってきてくれました。それが私と「ほどいも」とのはじめての出会いです。

ゆでるとホクホク、食感はゆり根に似てとっても美味。味だけではないんです。この小さないもがすごい威力をもっているんです。なんと、じゃがいもと比べて鉄分が四倍、繊維が五倍、たんぱく質は六倍、カルシウムは三十倍！　一番食べてもらいたい人は便秘で悩んでいる人。即効性がありますよ。

ご縁があったのか、三年前にたまたま仕事でほどいもを栽培している町に講演に出かけました。生産者の人たちと出会って、そのよさを再確認することもできました。「にんにく」も栽培されていることを知り、それからわが家にはいつも「ほどいも」と「にんにく」が常備されています。

よほどご縁があるのでしょう。今度は偶然にも主人が仕事でその畑を見学させていただくことになりました。今回は私の代わりに主人がパチリ！

お問い合わせ

ほどいも・にんにく
ほどいも：（アピオス）1kg 1575円～
にんにく：（マイルド229）1kg 2310円～（ともに消費税込・送料別）
とうほく天間グリーン・ジ・アース株式会社
青森県上北郡七戸町字森ノ上198番地
0120-014-229

縁があって今回は主人が畑を見学
立派なにんにくでしょ！

主人が撮った畑の様子

にんにくとほどいもを食べて
元気な生産者のみなさん

脅威的なパワーの
ほどいも

こちらは
パウダー状になった
ほどいも

いちご

高安さんとの出会いは私の直感が的中したことからはじまりました。今から六年前になります。主人と私の休みが突然一緒になったので、なんの計画も無しにとにかく家族で一泊旅行に出かけることになったのです。

行き先を犬吠埼に定めた私たちは車で国道を走っていました。

目の前に広がる景色は一面野菜畑。

そんなときです、高安さんの畑の前を通り過ぎたとき「ちょっと待った!」と私が叫んだことから車は急ブレーキ。私の動物的直感が働いたのです。ここの畑のいちごはひょっとしたら……鼻がピクツいたのです。いちごは私の大好物、しかし人工的な甘さのいちごは怖くって食べられない。安全ないちごはいずこに……。

そしてついに私は巡り合いました、高安さんの絶品いちごに。あまりのおいしさに私たちはお店から離れられなくなりました。

すばらしい味はEM農法と高安三姉妹のパワーによることも発見。それ以来、私は高安さんのいちごしか食べられなくなってしまったのです。

お問い合わせ

いちご
いちご(15〜35粒):1575〜2625円
いちごジャム:1瓶　472円(ともに消費税込・送料別)
収穫時期:12月中旬〜翌年4月
ストロベリーハウス高安
茨城県神栖市太田337-20
Tel＆Fax.0479-46-7215

運命的（?）に出会ってしまった高安三姉妹
とにかくパワフル!

若い苗木が
元気いっぱい育ってます
来年が楽しみ!

収穫時期のいちご畑
すごく甘いんですよ

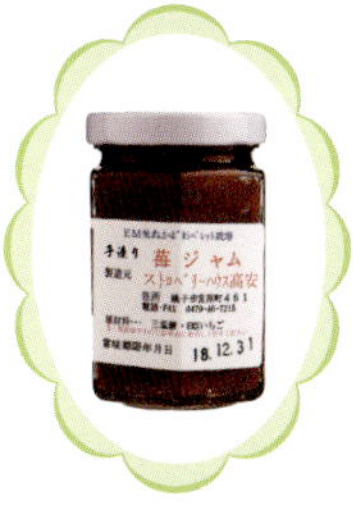

手づくりいちごジャム
絶品ですよ!

これが本当の看板娘!?

EMとは？

EMいちごの味のすばらしさと出会ってしまった私は、今度はEMを考え出した人と話をしてみるぞ！　と強く願うようになりました。なんでもこの目で確認しないと気が済まない性格なので……。願い続けるとやはり夢は叶うものですね。

「朝だ！生です　旅サラダ」（テレビ朝日系）から行きたい場所はどこですかとお尋ねをいただいた私は間髪をいれず「沖縄」と即答。ついに念願叶って弾む気持ちでEMの生みの親、琉球大学の比嘉教授とのご対面に成功。二〇〇五年三月の出来事でした。気難しい人かなと思いきや、目の前に現れた人は「まぁ……きさくな、おとっつぁん！」。全身から土の匂いがただよっている比嘉先生でした。ちなみに研究室はビニールハウス。

ところがお話を聞いてみると、地球環境を考え、人の健康・野菜の健康をこよなく追究している先生でした。その穏やかなお人柄にも感動。先生だけではなく、お手伝いをしてくれた学生さん達までも超穏やか。EMを扱っていると性格までも素直になっていくそうですよ。

EM

有用微生物群（Effective Microorganisms）の頭文字をとって作られた言葉です。乳酸菌や酵母など、人に有益なたくさんの微生物が集まってできた液体で、すぐれた抗酸化力をもっています。
EM研究機構ホームページ　http://www.emro.co.jp/

1年半ぶりに再会した比嘉先生

《元気な新しい葉っぱ》
《病気の葉っぱ》

病気のパパイヤの幹に
EM液をつけておくと
健康な新葉が誕生!

EMの肥料の作り方

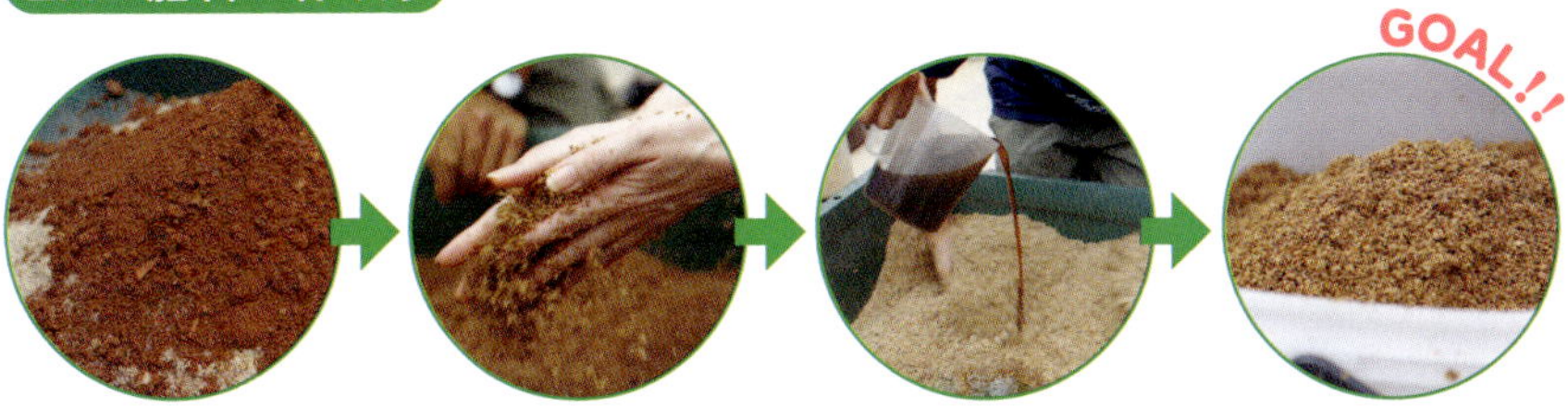
GOAL!!

米ぬか、油かす、魚粉を
7:2:1で容器に入れます

両手でよくかき混ぜます

EM液を数回に分けて
入れていきます

密封して2週間保存
おけばおくほど
いい肥料になるそうです

私もEMで
畑を作っちゃい
ました

お手伝いしてくれた
穏やかな学生さんたち

トマト

人工的な甘さのトマトがたくさん出回っていますが、新垣さんのトマトはそんじょそこらのトマトとはひと味もふた味も違います。昔のなつかしい味がぎっしりと詰まった最高の味。

体が喜ぶのか、食べだしたら止まらない栄養満点のトマトです。

沖縄の一番暑いときに土作りが行われると聞いたので、今度はそれを見たくって私は新垣さんとの再会に出かけました。

ビニールハウスの中は、今まさに土作り。EMを混ぜられた土はすっぽりとビニールをかぶっていました。沖縄の太陽が一番暑いときに土に栄養を与え、暑さ（土の温度は九十℃まで上昇）を利用して土をエネルギッシュにするそうです。この作業を自分の目で確認したことで、一層新垣トマトのファンになりました。絶品トマトの誕生に納得！

ビニールハウスにも注目してください。二十年以上使用しているのに、サビとは無縁のハウス。EMを扱っていると空気もきれいになるのでハウスが汚れないそうですよ。

新垣さんのトマト、「あなたにも食べさせてあげたぁ～い」。きっと虜になりますよ。

お問い合わせ

ミニトマト
1kg　800円（送料別）
収穫時期：12月下旬～翌年5月
新垣農園
沖縄県南城市大里稲嶺879
Tel.098-946-8570

超おいしいトマトの育ての親
新垣さんと1年半ぶりの再会　土が熱いよ!

よく見ると、うぶ毛が生えているんですよ
そんなトマトなかなかありません!

最盛時のトマトはこんなに元気!
すごいです

20年間使用している
ビニールハウスなのに
サビはゼロ!

夏の暑さを利用して土地をパワーアップ
ハウスの中はまるでサウナ

塩

塩はしょっぱいだけじゃないんですよ。ミネラルをたくさん含んだ良質の塩はしょっぱさの中にも自然の恵みによって作られたまろやかな甘さがあるんですよ。

比嘉教授に勧められて一年半前から愛用している沖縄の蘇生海塩の工場を今回見学に行ってきました。この視察で一番驚いたことは、取水の時期です。失礼な話ですが、海に水がある限り、いつでも海水は取れると思っていたおろかな私でしたが、蘇生海塩の生みの親、名護さんにお話を聞いてビックリ。なんと蘇生海塩は三月と九月の満月の満潮時前後二時間に取水していたのです。なぜならば長い経験の中でこのときの海水が、一番たくさんのミネラルを含んでいることがわかったそうです。この話を聞いただけでパワーを感じませんか？

取水した海水に今度はEMを混ぜて酸化を防ぎながら四十五日間熟成。その後釜で薪を使っての炊き上げ。こちらも試行錯誤の末薪が「一番良し」と判断したからだそうです。熱く語ってくれた名護さんは比嘉教授の教え子さんのひとりでした。

お問い合わせ

EM蘇生海塩
90g　1050円（消費税込・送料別）
株式会社 イーエム総合ネット
愛知県名古屋市東区葵3-24-2
Tel.052-934-0637　Fax.052-934-0638

沖縄・熱帯資源植物研究所の名護社長

45日間熟成した海水を昔ながらの
薪を使った方法で釜炊き

できたて

炊き上がった塩はこんな感じ
この後800℃の高温で焼いて
ダイオキシンをとばすそうです

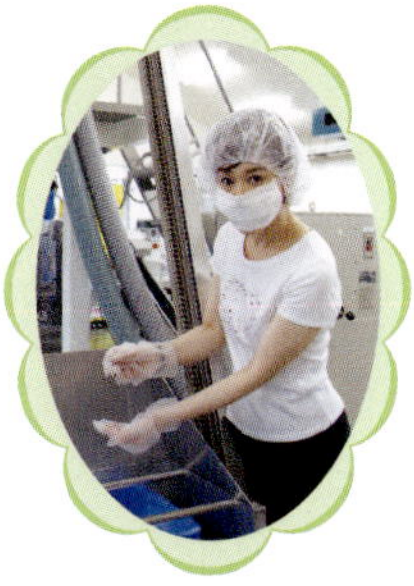

さらさらの出来上がった
ばかりの塩
このあとボトルに詰めます

すべて手作業
最後までゴミのチェックも怠りません

牛乳

同じ牛乳を飲むならば、体がツヤツヤしていて性格が穏やかな乳牛から絞りだされる牛乳を飲みたいものです。まさに玉城牧場の牛舎は牛にとっては楽園間違いなしの牛舎でした。こんなきれいな牛舎そして美人で穏やかな牛が世の中にいることに感動。二百五十頭も飼われているのに悪臭がしないんですよ。きれいな牛舎・牛にはハエも寄り付かないんですね。夏日に訪れたというのに、一匹のハエとも遭遇しませんでしたから。

牛の写真にも注目してください。綺麗で健康そのもの。顔もチャーミングでしょう。そのうえ性格までも穏やかな牛たちでした。

それもそのはず、牧草にはEMが混ぜられ、飲み水はEMセラミック水。天井からEMのシャワーまでも浴びているのですから贅沢このうえなしです。このすばらしい乳牛から搾り出された牛乳の味は、超まろやか！　比嘉先生も日本一の乳牛だと絶賛しておられました。私がもし牛に生まれたら、「玉城牛舎で暮らしたいなぁ……」と思ってしまいました。

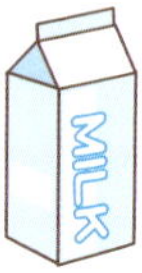

お問い合わせ

EM玉城牧場牛乳
946ml　294円（消費税込・送料別）
有限会社EM玉城牧場牛乳
沖縄県南城市大里大城2060
Tel.098-945-5183　Fax.098-944-0113

牛たちをこよなく愛する玉城社長

見てください
このきれいな
お顔

性格も穏やかで、おとなしい美人牛

いっぱい
食べてね！

EMが混ざっている牧草だと食欲も旺盛
おいしさの秘密はこれです

ゴク
ゴク

こんなにも甘い牛乳が
あるんです!!

あまりにも牛がいい子で
お掃除もしちゃいました

ついに発売!!　松居一代プロデュース圧力鍋!

松居一代プロデュース 圧力鍋 Magic Cooking

かわいいツートンカラー
にしてみました

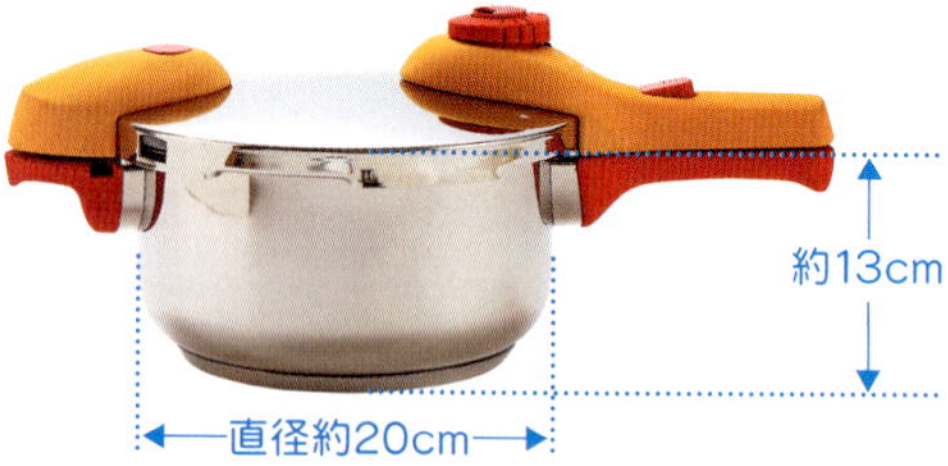

高さも
限界に挑戦！

普通の
鍋としても
使えます

お問い合わせ

株式会社ジェイシークリエイティヴ

0120-43-2626（10:00～18:00 年中無休）

圧力鍋で時間も手間も超・節約!

野菜カレー

加圧時間たった2〜3分

たった10分で出来上った
カレーはプロの味
使い出したらやめられませんよ

加圧時間たった約15分

時間をかけないとトロみが出ない
角煮が約30分で出来上がり!

豚の角煮

母は料理名人。そして圧力鍋使いの達人でもありました。いつも台所ではシューシューと錘《おもり》がぐるぐる回っていました。ところがそれを見て育った私なのに、圧力鍋アレルギー。だって鍋がでかい、不細工、シューシューが怖い、使い方が難しそう。

ところがです、テレビショッピングの仕事で圧力鍋のすごい威力を再確認することになったのです。カレーは約十分で出来上がり。たった二〜三分の加圧時間で味はデリシャス。それからというもの私は食わず嫌いを反省しながら圧力鍋を使ってみることにしたのです。

でもどこかに可愛い圧力鍋が売ってないかと探し回っても見つかりません。そこで「出来ないことはない」精神で鍋屋さんに直談判をしてキュートな鍋を作ってくださいとお願いしちゃったのです。紆余曲折の末ついに完成しました。サイズは圧力をかけられる限界の高さに仕上げました。色も可愛いでしょう。ツートンカラーにしてみました。普通の鍋としてもお使いいただけますよ!

松居一代プロデュース おそうじグッズ

女性だけでプロデュースしたおそうじグッズ誕生！

ドライ

ウエット

マツイぞうきんは
ドライとウエットの
2種類よ

お問い合わせ

日本製紙クレシア株式会社　お客様相談係
Tel.03-5323-0299（9:00〜16:30／土・日・祝日を除く）

家中のお掃除はこれにお任せ！

マツイぞうきん

お掃除嫌いになる原因のひとつは汚いぞうきんをすすぐこと。そこで手間いらずのぞうきんが誕生！

マジックのように家中ピカピカ
刺激的な洗剤も使わず
手も汚さない

ついに人気のマツイ棒商品化

二〇〇六年四月八日、私の会社に一枚のファックスが流れてきました。送り主は今回ご一緒することになったクレシアの高津さん。「女性だけの商品開発部が発足したので、女性ならではの新商品を考案しましょう」といったお誘いでした。

本来この手の依頼がクライアントから直接くることは非常に珍しいのですが、妙に高津さんの手書きのファックスから熱いエネルギーを感じたことと、女性ならではの……の言葉に心が動き、翌日自宅に彼女をお招きしたことから商品の開発が始まりました。

まず念願だった「マツイ棒」が店頭に並ぶことになりました。冷蔵庫の下の汚れを取るときに使った一本の菜箸がたくさんの方に「マツイ棒」と親しまれるようになり生みの親としては感謝感激です。

同時に誕生した「マツイぞうきん」はふんわり、しっとり、超厚手。ダイヤメッシュで汚れを素早くキャッチします。ぞうきんを絞る手間もないのでお掃除嫌いの人にもバッチリですよ。

汚い家には幸せはきません。

ピカピカのお家で幸せ作りをしてくださいね。

彼女が
高津さんです

ＩＨクッキングヒーター

わが家のIHキッチンを初公開しちゃいます！

掃除もラクラク

ゆでこぼしも油も
サッとひと拭き

お問い合わせ

TEPCO 銀座館（IHの体験もできます）
Tel.03-3575-0456（10:30〜18:30／水曜・年末年始を除く）

IHでお料理もお掃除もラクラク!!

古いお鍋も使えます

私の人生の友、30年愛用している
アルミ鍋も使えるのよ!

焼き魚も失敗なし!

グリルがこんなに大きくなったんですよ。大きなお魚もラクラク。両面焼きで自動調理センサーも付いているのでキレイに焼けてサイコー!

五年前に家を新築する際に「当然ガス!」と力強く答えた私でしたが、一年半前にイベントのお仕事でＩＨのすばらしい威力を魅せつけられてしまったのです。ただただ進化の前に呆然。「ちょっと待ってよ! 私が知らない間にいったい何が起こっていたの……」。まるで浦島太郎状態でした。

台所には神様がいると信じている私ですから、厄介なゴトクの掃除も手は抜けませんでした。カネのスポンジと歯ブラシを使ってゴシゴシ。一回十五分、二日に一回掃除をしていたので、掃除時間を計算してみると、一カ月で二百二十五分、一年でなんと二千七百分、つまり四十五時間。丸二日も費やしていたのです。ところがＩＨはタオルでさっとひと拭き。時間を有効に使いたいと考えている私としては、決断するしかありませんでした。

生まれ変わった夢の台所、お掃除はもちろんのこと、火力の強さにビックリ。お湯なんてあっという間に沸いちゃいます。グリルにも感動。ひとまわり大きくなり、グラタンまで焼けちゃうんですよ。しかもオールメタル対応を選んだので三十年愛用しているアルミ鍋も使用ＯＫ。人生決断は必要ですね。替えて本当に良かったと大満足の毎日です。

感謝♥感謝

来年私は五十歳を迎えます
これからも私の命ある限り私自身そして家族に
食べさせるものには頑としてこだわり続け
一生パワフルに生きていきたいと固く心に誓っています
息子のアトピー性皮膚炎そしてストレスが引き起こした
私の顔面麻痺を経験したからこそ元気な体と心が
何よりも大切だと学んだからです
一度の人生たくさんのことを経験し、いっぱい感動をして
思い残すことのないようにしたいと思っています
松居一代の超（スーパー）シリーズも今回で第三弾となりました
これもお読みくださった皆様のお陰です
私そして家族を温かく見守っていただき
本当にありがとうございます
大きな声で心から感謝をお伝えします
「皆様、本当に本当にありがとう！」

二〇〇六年 十月　松居一代

念願だった野菜づくりにチャレンジ！

いつか野菜作りをしたいと思っていた私は
5年前に家を新築した際に農園スペースを作っておきました
そして今年夢が叶って一代農園のはじまりです

まずは、真夏の太陽熱を利用して健康的な土作りから

記念すべき収穫第1号は
プチトマトです
1個を3人で分けました
味は最高でしたね

なすもこんなに立派になりました
主人の好物のみそ炒めにして
感極まりながら食べました

松居一代（まつい かずよ）
女優、エッセイスト
1957年　滋賀県生まれ
1979年　「11PM」の司会者として芸能界デビュー。
主な出演映画に
「マルサの女」「肉体の門」「夜逃げ屋本舗2」など。
著書に処女作『隆一の凄絶アトピー日記』（主婦の友社）、
他に『アトピーがくれた生きる力』、
『欠陥マンション、わが闘争日記』（ともにPHP研究所）がある。
2004年11月に『松居一代の超（スーパー）おそうじ術』
2005年10月に出版した『松居一代の超（スーパー）整理・収納術』（ともに主婦と生活社）がベストセラーに。
芸能界一のお掃除名人としても大活躍。
現在は、バラエティ番組にひっぱりだこ。
2001年に長男を連れて結婚した俳優の船越英一郎氏との
“おしどり”ぶりも有名。

松居一代の超 お料理術

著　者　松居一代
発行者　黒川裕二
発行所　株式会社　主婦と生活社
〒104-8357　東京都中央区京橋3-5-7
電　話　03（3563）5135（編集部）
03（3563）5121（販売部）
03（3563）5125（生産部）

印刷所　大日本印刷株式会社
製本所　株式会社DNP製本

ISBN4-391-13251-6

協力　（株）ホリプロ、則岡孝子（管理栄養士）
装丁・本文デザイン　田代眞紀@GOEST
撮影　高山浩数、船越英一郎、松居一代
イラスト　長嶋八千代
編集協力　（有）オーキャン
編集担当　武田賢二、田中澄人